JN440028

내가 없는 사랑의 노래

내가 없는 사랑의 노래

김진환 시집

그루
시선
105

그루

시인의 말

첫 시집을 내고 11년 만에 다시 시집을 묶는다. 1부의 시들은 첫 시집 때 미처 묶지 못했던 시들이 몇 편 포함되어 있다. 나머지 2, 3, 4부는 대체로 씌어진 순서대로 묶었다.

정년이 가까워 온다. 평생을 학교를 쉬는 나날을 꿈꾸었다. 평소 학교 아이들에게 많이 미안해했다. 아이들이 있었기에 나는 연명했고 그들의 격려로 나는 삶을 이어 갈 수 있었다. 아이들에게 늘 감사해야 했으나, 나는 그러하지 못했다. 그것은 나의 불민과 부덕에서 기인한 것임을 나는 한시도 잊은 적이 없다. 요즘은 마음 편하다. 그토록 꿈꾸었던 일이, 모든 것들이 내 안에서 무연히 나를 떠나가 주고 있다. 그토록 끈질긴 애착이 문득 나를 버리고 있는 것이다. 떠나가 주는 애착들에 대해 나는 이제 아무 할 말이 없다. 그것들은 원래부터 나의 것이 아니었다. 그것들은, 헛것이었다. 캄캄한 몸으로 혹한을 견디던 겨울나무가, 의연히 새들을 맞이하던 그 마른 나뭇가지의 텅 빈 마음이 지금의 마음으로 온전히 옮겨 와 있다. 날아간 새들은 나뭇가지의 온기를 기억해 주지 않는다. 기억하는 애착의 마음과 기억하지 않는 무심의 마음 사이사이의 길이, 그 무수한 허공의 길들이 다 삶일 것이다. 그 삶들이 눈물겹도록 아름답다. 비루한 세속에서 나는 부질없이 살고 있다. 나를 알아봐 준 것은 사랑이었기에 그 사랑 앞에 당당해지고자 나는 또 많은 것들을 버려야 했다. 지금은 버려서 얻은 작은 것들의 고요가 물처럼 흘러내리는 시간이다.

아내와 두 아들에게 이 시집을 바친다.

2021년 봄

김진환

차례

2

3

4

시인이 쓴 해설

1

햇살 아래에서

물이 칼인 때가 있었습니다

물이 칼이었다면
아아 그때
칼은 무엇이었습니까?

햇살 아래에서

비로소

물이 물소리로 물을 흘러갑니다

소년

미루나무 서 있는 방죽길을 걸어 집으로 갔습니다
말매미가 쩌르르릉 울었습니다
뭉게구름 뭉실, 뭉실 피어나는 하늘가
저 머언 산너머는 언제 가 보나

책가방 속 고무줄에 돌돌 말린 상상처럼
감겨 있는 앞날을
지평선처럼 탁, 펼치고 싶었습니다
날씬한 기차 어서 빨리 타고 싶었습니다

코스모스

제 그리움 말할 수 없어요 그냥, 그냥요, 꽃 피었어요 초라하지요? 제 목숨요 마음 다해 피었지만 그리움 환히 들키지 못해 둔덕 언저리 이렇게 쓸쓸히 흔들려요

헤어진 것들이 아픔의 힘으로 저렇게 둥글게 만들었나봐요 저 햇살요 저 저문 햇살이 그렇게 저를 살고 싶게 해서 그냥요, 그냥, 꽃 피었어요 부질없지요? 제 꽃 핀 것요 잎잎이 흔들리는 제 통증 아프지도 않지요?

그런데요 멀리 가을 산 너머 붉게 물드는 노을 배경으로 그렇게 사진 한 장 찍고 싶었어요 무연히 그대 곁에 서서 흔들리는 제 슬픔요 잎잎이 연분홍 흰 자주 빛깔로 들키고 싶었어요

소금에 대한 명상

자기 몸의 부피를 줄여
정신을 만든 날것의 고갱이
소금을 읽어
서늘히 이마를 빛내다
움직이는 백색의 경전
소금은
말씀으로 오래된 뜻을 일상에 있게 한다
한 사람을 모질게 사랑하는 일
첫 마음을 잃지 않고 생업에 몰두하는 일
우물처럼 깊은 외로움의 길
고집하는 일
이마에 띠 두르고 어깨에 어깨를 겯고
연좌 농성하는 일
혹은
고의춤 여미는 일, 들메끈 고쳐 매는 일
모두 소금의 핵심이다
소금은 묵언한다
등 푸른 생선의 칼집에 말씀으로 스미거나
생활의 주변마다 입자로 뿌려지는 것은

비루함과 얼룩 멀리하기 위함이니
그 뜻으로
하루분의 끼니를 해결하고 치열 가지런히
침묵을 닦는
우리들의 꾸준함
우리들 오래인 꿈꿈에 대해서

스러지는 것들

너를 사랑했던 집념도 껴안았던 열정도
치열했던 노여움도
이제는 스러지고 있다
안타깝게, 내밀한 아픔으로 꺼지고 있다
나이가 만드는 비탄
살아낸 깨달음의 슬픔
시간이 모든 것들을 저리도 안타까운,
순결의 어둠 뒤편으로 지우고 있다
내 기억의 지평에서 떴다 사라지는
살별 같은 아픔들
내 열정의 뜨거운 온도가 식으면
너의 이름은 진흙처럼 풀어질 것이다
풀어져 맹세처럼 허물어질 것이다
아아 내게로 왔던 모든 것들이
내게서 떠나가는 소리
재를 남기는 흔적의 저쪽, 살아 있는
모든 것들은 저렇게 순순히 스러지는 것이다

시립도서관

거짓말을 하면 자신에게 유익한데도
진실을 말해야 하는 이유는 어디에 있는가
—비트겐슈타인

그를 이해하려면 안경을 벗어야 한다
뚝뚝 떨어지는 나의 위선 너머
뫼르소*, 그가 있다
세 치 혀로 굴러가는 세상
化粧과 레토릭은 태양의 반대편에 있다
외로움이 두려운,
세간은 엄마의 장례식에서 울지 않은 이를 추방한다
그의 말은 모래의 피부처럼 건조하다 어떤 의미도
의도하지 않는다 애착이 없는
그의 말은 의미의 심연을 무심히 건너간다
죽는 한이 있어도 거짓말하지 않겠다
그 말을 그는 목숨과 바꾸었다
뫼르소, 그를 생각하면 내 영혼이 더럽게 느껴진다
뫼르소, 그는 시의 아들이다

* 카뮈, '이방인' 주인공

참회

이별의 냄새가 향기롭습니다 그리운 것들이 지워졌습니다 내가 만든 길을 펼쳐진 고운 죄의 길을 따라갑니다 그리 밝던 눈이 침침합니다 추한 몸을 악기처럼 문지르며 갑니다 텅 빈 몸을 울려 뉘우치는 뉘우치며 지우는 아아 나는 허공중의 한 마리 속리유령거미입니다

아름다운 문장의 사회

말[言]에도 나이가 있다 우리 사는 세상처럼 늙은 말을 향해 젊은 말이 그 연륜에 다소곳이 고개 숙일 때 문장은 빛난다 오래된 말과 새로운 말이 자연스럽게 서로 자리를 비켜 줄 때, 서로를 끌어안기도 하고 서로를 탁 놓아주기도 할 때 말들은 울림을 갖는다

'서럽다'는 말은 오래된 말이지만, 그 말은 나를 울린다 마치 섬세한 성격의 곱게 늙은 사람처럼 터져 나오는 울음을 견디며 안으로 슬픔의 주름을 몇 겹씩 접어 두는, 나는 서럽더라도 그 말을 사랑한다 서럽다며 얼굴을 실룩이며 흐느낄지라도 나는 그 말을 껴안는다

"그녀와의 짧은 사랑은 끝나고 나는 서러웠다"는 문장, '짧은 사랑'의 그 경박함을, 무모함을 '서러웠다'는 말의 연륜이 안타까운, 절절한 사랑으로 아름답게 이끌어 주고 있는 것이다 내가 꿈꾸는 아름다운 문장의 사회

해바라기

오늘은 당신이 저리 둥근 햇살의 말씀으로
고개 들어라, 들어라 하시네요
이 가는 꽃대에 이 큰 그리움의 얼굴을 하고도
저는 고개 들 수 없습니다
당신 향한 숙분의 제 사랑 힘겹습니다
먹구름 끼고 비 오래 내릴 때
수숫대의 허전함 당신 사랑 원망했었지요
흰 종이의 마음 당신 향한 뜻 접기도 했었구요
벼랑 끝의 한 떨기 풀꽃 자신을 세우기도 했었습니다
미안해요 여여한 당신
우기의 운판 밀면
천공 눈부신 햇살 반짝이고 있었음을
왜 몰랐을까요?
한쪽으로 넘은 사랑 형벌입니다
꽃대 마르고 잎 시들어 갑니다
그러나 휘어진 저의 자세 하오의 둔덕 캄캄히 지켜도
제 사랑 그리움의 꽃판 가득 씨앗으로
한 톨 한 톨 여물어 갑니다
당신 사랑 저만의 집중 아니었음을

저리 고운 들국화 입술 함성 나팔꽃 들녘의 벼 포기
모두 당신 사랑 겨레였음을 깨닫습니다
그리 큰 사랑 앞에 마음의 옹이 맺히는
당신은 저의 집중입니다 저는 당신의 윤곽입니다
당신을 사랑합니다

슬픔의 슬하

—뽐므*를 위한 변주

살아 있음의 기미는 단추에게 들켜요 살 속의 울고 있는 뼈들을 보셨나요? 겹눈의 서늘함은 그대의 앞날을 지우고 흐느끼며 제 영혼 오래오래 몸져누워요 살별이 떴다 지는 거울 안에서 아직도 처연히 울고 있는 저는 허술한 것을 꿈꾸어요

병원은 온통 흰색이었어요 그는 스스로 유폐되었죠 무시무시한 그의 침묵의 매혹, 위험해지기 전에 저는 사랑을 서랍처럼 문 닫았습니다 운명은 불행을 편애하는 것 같아요 그의 사소한 생의 결핍이 사무칩니다 그는 희망을 송두리째 삼켜 버렸죠

2월의 날들은 다시 오지 않아요 이 별에 언제 다시 그대라는 기적이 올까요? 먼지 속의 그대, 저의 병은 회복되지 않아요 그대를 사랑한 고통의 힘으로 저의 병은 회복될 수 없어요 저의 죄가 피부처럼 문드러져 슬픔 사라질 때까지요

* 파스칼 레네, '레이스 뜨는 여자' 여주인공

고통

나무는 한 그루의 광막한 우주
흔들리는 나뭇잎들은
허공에서 빛나는 무수한 별들
별이 아스라이 멀 듯이
한 알의 모래여 잎은 까마득히 먼 것을

문득 나뭇잎 한 잎 진다
지는 잎은 수백 광년의 시공을 줄여
종신하는 별을 보여 주고 있다
지는 잎의 태도가
저리도 성실한 것은
홀연 별의 임종을 추이로 들키기 때문이다

울음을 지나온 삶은 편하다
아픔이 가면 그러나 시는 오지 않는다

손님

저만치서
혼자의 어둠 밝히며
야윈 등불 한 점
천천히, 천천히 오고 있다
는개처럼 젖는 마음
오는 등불의 흔들림,
흔들림을
님이라 부르리니
오는 분은
곤곤한 마음자리
비질처럼 쓸며
오랜 결핍에게로 아 오고 있다
오는 온기의 기미에
슬픔은 이내 수건처럼 마른다
그리 오래 간절하여
최초의 꽃, 망울 틔우는지
늘 그립고 먼 가슴
문득 발설되지 않고 오는지
봉인된 그리움을 위해

그 문을 열 붉은 몸은
입술처럼 촉촉이 젖어 있었다

瞻星

별밭을 우러른다
이면의 삶
낮에는 안 보이던 생애의 통점들이
천상을 빛내고 있다
굴욕을 받았으나 어둠은 그것을
성채로 바꾸어 놓았다
나는 삶에 경배한다
지나온 시절의 저 풍찬노숙들!
서늘한 만단정회여
불구를 받았으나 불멸로 반짝이는
역리의 말씀들
은총의 一家가
은종처럼 울리고 있다

生은 이곳에

받았던 그 어려운 슬픔도
드리기에 아팠던 것이리

알기에 모르는 것과 모르기에 아는 것이
이어져 있네
집으로 돌아가는 길을 아는 아이처럼
나 이제 원적으로 돌아가는 지도를 읽으리

시간의 봉제선이 지워지고
거대한 圓의 추이를
만월은 하현으로 이울기 시작하네

드리고 받는 자연이
받은 生을 문문히 지우리니
머언 먼 生의 원경은
눈부신 순간의 영원

드리는 이 편안한 고요도
받았기에 아팠던 것이리

저녁에

—두 아들에게

이루 형언할 수 없는 슬픔들이
어디로 가 다 무엇이 되는지

보렴, 날아올라
새가 되는 것들을
나무는 얼마나 많이 떠나보내야 했는지

슬픔들은 와 날아가고
나뭇잎들은 표면을 뒤집고
저리도 잎잎이 흔들리는구나

이루 헤아릴 수 없는 그리움들이
어디로 가 다 무엇이 되었는지

보렴, 날아와
가지를 흔드는 것들을
나무는 얼마나 오래 사무쳐야 했는지

그리움들은 가 날아오고
나뭇잎들은 모여 어두워지며
이리도 따뜻한 둥지를 엮는구나

솔 향기 흩어져 향기로운 노래를 엮는다

—문경여자고등학교 개교 42주년 기념일에

이화 동산에 오얏꽃 피었다 지고
피었다 진 그 오랜 세월
꽃 같은 목숨들 모여 수고로운 면학,
밤이면 불야성 이루었다
어르신 높은 뜻 받든 이곳은 일찍이
이 땅 따님들 배움의 터전이었다
이 땅 따님들 이곳에서 푸른 키 키우던 어린나무들이었다
이슥고 마흔하고도 두 개의 성상
처처에 직립한 아름드리 솔들은
늘 푸른 정신으로 제자리에 우뚝 서
놀라운 집념으로 하늘 향해 타오른다
심지 깊은 뜻 시련에 목마르지 않는다
솔 향기 흩어져 향기로운 노래를 엮는다
우리네 푸른 열예닐곱 곧추곧추 척추뼈 일으켜 세워
한 시대를 환히 꽃등불 밝힌다 늘 푸른 자세
한 켜 한 켜 내밀히 빛나는 형광의 나이테 두른다
하늘의 뜻, 어르신 말씀인 것을
진리 향한 지극한 받듦이라는 것을
그 말씀 새겨 우리네 견고한 정신이 될 때까지

우리는 푸른 힘 더불어 어깨에 어깨 겯고 키 큰다
보아라 순은의 햇살 내리는 이화의 뜨락 처처에
목청 좋은 까치 떼 상서로이 노래하는 오늘은
찧고 까불어도 좋은, 신명 겹도록 벅찬,
오늘은 오늘은 우리네 잔칫날

세세연년 더하소서, 이 기쁨 세세연년 함께하소서

—문경여자고등학교 본관 신축 준공 기념일에

경상북도 문경시 점촌동 465번지,
이곳은 야산 낮은 둔덕이었다
이곳에 첫 삽 든 이 있었다
그는 배움의 힘 먼저 알았다 배움이
확대임을 먼저 깨달아 이 땅 배움터 열었다
아아 참학교 가는 길 닦았다
처음에 모두는 오얏꽃 새순이었다
모두는 처음 소나무 어린 가지였다
밤이면 불야성 이루었고 햇빛 눈부신 한낮
진리의 말씀, 말씀들 거름으로 오얏꽃 동산
늘 푸른 거목 되었다
반세기의 연혁 세상 처처에 재원들 가득하구나!
마음씨 솜씨 맵시 지금 이곳 인산인해 이루었구나!
을유년 십일월 서른날 이곳에 첫 별 뜬다
첫닭 운다 낡은 둥지 헐고 새 둥지 지었다고
목청 좋은 까치 떼 상서로이 노래한다
오늘은 지신 밟는 날, 찧고 까부는 우리네 잔칫날
어른님, 벗님들 오시어 이 음복 받으소서

이 기쁨 세세연년 더하소서
세세연년 이 기쁨 함께하소서

나팔꽃

퀭한 출근길
공터 철제 울타리를 넝쿨 삼아
하늘로 올라가는 푸른 꽃무리 사다리
아, 나팔꽃
저리 푸른 함성으로
부우우 손나팔을 만드는
오늘도 살아야 할 하루가 있다고
힘내라 힘내
어깨 다독이는
아장아장 난쟁이들의
힘껏 불어 젖히는
부아앙 저 푸른 떼창 좀 보아라

2

먼지의 노래

마음이 가난한 날은 강가에 나가 돌멩이 하나 얻어 가지고 왔다
마음이 넉넉한 날은 강가로 가서 그 돌멩이 도로 드리고 왔다

많은 날들이 그렇게 흘러가고 흘러갔다

강은 아무 말 없이
그런 나를 보내고 맞아 주었다

그렇게 살고 그렇게 사는 것이 도리라 여기며 살았다
그렇게 얻고 그렇게 드리는 것이 삶이라 여기며 가만히 살았다

그리운 기도

두 무릎을 땅에 대고 두 팔도 땅에 대고 이마마저 땅에 붙이고 일 배 이 배 삼 배 절을 하다 보면 세상에서 가장 낮은 곳이 자신의 발밑임을 알게 된다 두 무릎을 땅에 대고 두 팔도 땅에 대고 이마마저 땅에 붙이고 일백 배 이백 배 삼백 배 절을 하다 보면 세상에서 가장 오만한 존재가 자신임을 알게 된다 두 무릎을 땅에 대고 두 팔도 땅에 대고 이마마저 땅에 붙이고 삼백 배 사백 배 오백 배 절을 하다 보면 자신의 마음이 얼마나 많은 때가 끼여 있는지 알게 된다 두 무릎을 땅에 대고 두 팔도 땅에 대고 이마마저 땅에 붙이고 칠백 배 팔백 배 구백 배 절을 하다 보면 마음의 혼미함이 새벽처럼 서늘히 깨어남을 알게 된다 두 무릎을 땅에 대고 두 팔도 땅에 대고 이마마저 땅에 붙이고 구백팔십 배 구백구십 배 일천 배 절을 하다 보면 세상 괴로움의 모든 원인이 자신에게 있음을 비로소 알게 된다

돌 위의 작은 섬

뉘우침이 많아 물 마른 강을 오래 서성이다 문득 돌 하나를 주웠다 돌은 손바닥만 하고 검고 편편한데 가장자리쯤에 작은 섬이 봉긋이 돋아 있었다 돌아와 할 일처럼 물때를 씻고 수반에 얹어 놓고 자주 눈길을 주었다 조용한 울음이 얼레의 하얀 실처럼 풀리는 새벽녘이나 그 울음이 잦아드는 저물 무렵이면 돌은 내 이마 위로 환한 봉분 같은 섬을 보여 주었다 미명의 세상 끝에 돋아난 작고 검은 섬 하나 어둡고 어리석었기에 꿈꾸었던 세상은 얼마나 먼 곳이었을까? 흙먼지 자욱한 세상을 아껴서 자책하며 자책하며 파랑 치는 원양을 건너가 닿았던 이들의 고도가 저 섬과 같을 것이다 살아서 고단했던 이들의 몸도 아아 어머니의 영혼도 훨훨 燒紙처럼 날아가 버린 나의 그리운 새들도 모두 저 섬에 있으리

붉은 비 내리고

사위 고요한 삼경 무렵
소슬히 비가 내리고
두보의 시를 읽는 밤
내 마음에 흐득흐득 그 옛날의
붉은 비 내리고
이마부터 젖는 세상 먼저
내가 젖는다
곤곤한 삶 아내와
아이들은 잠들고
잠 못 들어 뒤척이다
두보 두보 두보
내리는 빗소리 따라 그를 부른다
평생을 근심했던 이
語不驚人 雖死不休*
인간을 향해 늘 성실했던 사람
생애의 마땅히 있어야 할 자리를
언제나 지켰던,
울음처럼 또렷이 살아오는
그의 시를 읽으면

무명의 두건 쓰고 세상의 가녘에서
시를 끊지 못해 잠 못 드는
바보 바보 바보
내가 고맙고
그 옛날의 어른처럼 표표하구나
내리는 적빈의 슬픔이
남루한 서책을 적시는
눈시울 붉은 이 깊은 밤에
부질없는 붓끝은 또 쓴다

* 시어가 사람을 놀라게 하지 않으면 죽어도 쉬지 않는다(두보)

길에 관한 명상

길은 여전히 첩첩산중 오리무중이다
길을 가다 문득 길을 잃어버린다
다반사다 길 위에서 길이 없어진다
길 아닌 길이 없듯이 길인 길도 없다
모든 길은 미증유다
모든 길이 전인미답이다
없는 길 앞에서
가는 길이 길이고
가는 순간순간이 길이다
어디로 가는지 물을 수 없고
어디로 가는지 말할 수 없다
길은 길조차 없는 길이어서
길조차 없는 길이 없어진다
없는 길이 없는 길을 연다
가지 않은 모든 길이 길이다
가지 않은 모든 길이 간 길이다
길을 가는 도중에 문득 길이 없어진다
길이 없어지고 길이 없어지기에
문득 길이 열린다

길인 길이 없듯이 길 아닌 길도 없다
모든 길은 파천황이다
모든 길이 진대미문이다
열린 길 앞에서
가는 길이 길이고
가는 순간순간이 길이다
그 길이 나의 길이다 그 길이 자유다

배웅

그대의 배경에서 웅웅거리다
내 영혼은
그대를 따라 떠나간다
오래 전
나 그대를 마중하지 않았으니
그대를 떠나보내는 지금
하염없다
주소도 없이 가는 그대는 그대로
세상의 전부일 것이나
오래 그대를 따라갔다가
우두커니 서서
배경으로 저물어 서성인다
나의 내부는 끝없는
모래사막만이 펼쳐져 있으므로
그 사막의 적막 견디지 못했으므로
그대는 떠나간다
그러나 그대가
모래사막에 흘린 흰 눈물이
먼 훗날 더러

무슨 싹이 되기도 할 것이다
그리고 그대가
세상이 더 많이 고단할 때에
모래사막의 그 적막이
혹여 그대에게
둥근 고요가 되어 주기를

잘 가라 그대

安

여자란 集中된 動物이다
—김수영

우리가 집으로 돌아가는 것은
집이 집중이기 때문이다
집이 집중인 것은
집이 비로소 安心이기 때문이다
집이 안심인 것은
사랑의 집중이
아늑한 집의 根本이기 때문이다
밀림 같은 세상을 질주하고
욕망의 위험한 덫들을 지나
아아 집으로 가서
집중하여 지은 밥을 먹고
집중의 편안한 무릎 위에 누워
사랑이 집중된 손이 살며시
귀지를 파면 온통
상처투성이인 우리가
사랑의 결핍 천지인 우리가 비로소

스르르 잠들 수 있기 때문이다
힘겹고 고달픈 生計의 나날에
언제나 안심을 주는 따스한
사랑이 집중인 집
우리가 집으로 돌아가는 것은
집에 닿아야 비로소
편안의 품에 들 수 있기 때문이다
편안의 품은 집에 앉아 기다리는
사랑이 집중인 사람
현모나 양처가 짓기 때문이다
집중의 感覺이 만들기 때문이다

물속의 經典

흐르는 강물 표면에 水鏡을 대면
강물은 이내 환한 속살을 드러낸다
그 환한 강물 속을 투박한 손이 내려가
이리저리 돌들을 뒤집으니
흑진주처럼 눈부신 것들이
튼튼한 甲 속에 몸을 숨긴 것들이
꼬물꼬물 기기도 하고 기척 닿으면
촉수를 걷고 죽은 척 꼼짝을 않는 것들이
이윽고 모래 속에서 등장하는 것이다
모이면 천군만마가 될 것 같은
쌓이면 萬金이 될 것 같은
그 하찮은 것들이 사소한 것들이
우리들의 한때를 일상의 무료한 때를
강물 속에서 어디에도 없는 축복을
빈처에게 愚夫에게 선사하는 것이다
수경 한편에 수북이 쌓여 우리들
고단한 삶을 북돋우는 우군으로 모이지
차르르르 무슨 새 울음소리를 내며
검은 비닐봉지 한가득 금은보화로

쌍이지 신명에 겨워 고복격양가를 부른다네
약재 달이듯 삶아 한 땀 한 땀
의복을 짓듯 껍질을 까 국을 끓이면
우리네 심성처럼 이리 맑고 깊은 국물인데
입 안의 정갈함이 선한 쌀밥을 만나면
그 맛이 一味인지라 일미의 생을 위하여
저무는 생애의 오후 어느 한때를
빈처와 우부는 맑은 물 흘러가는
강물 속에서 하오의 햇살 등에 받으며
한 톨 한 톨 생금을 캐듯 꼭꼭 숨어 사는
말씀들을 온몸으로 讀經하고 있다

겨울 산에서

겨울 산은 의연하다 모든 것은
결빙점 아래 영도 이하다
눈설레 몰아치는 산정
백색의 장엄한 풍경으로
겨울 산은
굽이굽이 눈앞에 펼쳐져 있다
순백의 뼈대로
겨울 산은 능히
정신의 순도를 견딘다
순결하기에 결빙되는 것들은
겨울 산에서
강인한 의지로
혹한의 양심을 겨누고 있다
얼어붙은 폭포 아래 집요하게
흐르는 물소리 계류는
낮은 곳으로
더 낮은 곳으로
끈질기게 끈질기게 흐른다
지나온 시간을 지층에 묻었지만

겨울 산은 그러나 알고 있다
살아온 캄캄한 날들이
앞날의 눈부신 광백이라는 것을
헐벗은 우듬지며
나무와 나무 사이의 간격이며
궁륭 같은 산세를 모두 보여 주는
겨울 산은 자신을 장엄하지 않는다
자신을 장엄하지 않아서 장엄한
겨울 산은 이미 알고 있다
뜨거운 숨결은
결빙의 힘줄 속에 뿌리내리는 것을
그 뜻으로 동토의 흙은
씨앗의 기억을 품고
봄날의 해빙을 기다리고 있다

꽃밭에서

해가 가만히 날 불렀어요
수유야 수유야
난 못 들은 척했죠
잠에서 깨기 귀찮았거든요
그런데 해는 따스하게
자꾸자꾸 나를 불렀어요
달래야 달래야 하고요
그러려니, 쓸데없거니 했죠
그러나 해는 나를
오래오래 불러 주었어요
마치 알고 있는 이가
나뿐인 것처럼요 그것도
내게 마침맞게 나리야 련아
도화야 마음 무늬 어조에
딱으로 불러 주었어요
마침내 나는 화답했죠
나를 열고 가지 끝에서
벼랑 끝에서 활짝 나를 꺼냈죠
아아 몰랐어요 해가 나를

부르기 전에는요 나를 내가
허공으로 던지기 전에는요
이렇게 내가 예쁜지 성날이지
꿈에도 몰랐어요 꽃 피기
잘했죠 짝짝짝 정말정말
잘했어요 짝짝짝 하늘로
나를 당겨 준 해에게도 짝짝짝
세상이 온통 꽃밭이에요

영원한 순간의 봄날

지금 제 곁에 있는 당신을 많이 생각해요 눈부신 봄날이에요 뉘우침의 천재인 나는 오랜 통증 끝에 문득 꽃피었습니다 오래 살 속에 박혀 얼굴이 된 가면이 아름답습니다 하늘을 나는 어여쁜 새들이 순은의 노래를 엮어 활짝 핀 당신의 생을 축복해 주네요 당신의 천부적인 下心으로 인해 나는 구원 받았습니다 부질없는 붓끝으로 헛것의 세간을 내가 견딜 때 당신은 당신의 음악으로 나의 검은 생애를 붉게 꽃피웠습니다 삶이 죽음을 받고 죽음이 삶을 받는다는 오래된 말씀을 궁리했어요 오래 살 속에 박혀 얼굴이 된 가면이 떨어지고 난 후의 얼굴은 떨어진 가면일 거예요 애착이 덧없음을 만들었습니다 덧없음이 이제 애착을 얼굴이 된 가면처럼 떨어뜨릴 거예요 피안의 봄날입니다 지금 내 곁에 있는 당신을 많이 생각합니다

환희작약

아무것도 가지지 않았을 것입니다 누구도 사랑하지 않았을 것입니다 아주 오랫동안 고통을 견뎠을 것입니다 아주 오랫동안을 앉아 있다가 문득, 뇌진처럼 깨달았을 것입니다 아무도 몰랐던 생의 비밀을 해독한 이의 미소를 나는 일본 광륭사 반가사유상에서 보았습니다 그 미소는 표현할 수 없는 것을 표현하고 있었습니다 그 미소는 가만히, 애욕과 무명에서 벗어나 망집의 생을 받는 일은 없다며 웃고 있었습니다 아아 나는 실재를 보았습니다 혀끝에서 맴도는 그 미소의 이름은 환희작약이었습니다

산정에서

이곳에서의 시간은 순간이어야 한다
지금 나는 무서운 곳에 서 있다
몸이 벼랑인 곳 마침내 나는
이곳까지 올랐다
나는 지금 절정에서 위태롭다
절정은 가파른 단애를
도처에 덫처럼 숨기고 있다
절정은 절대의 몸이다
절정만이 지금 나의 수평이다
나의 아래, 모든 것이
명명백백히 부복하고 있다
절정의 시간은 흔들린다
더이상 오를 수 없을 때
집념은 풀어지고 숨이 멎는다
下心이 산소처럼 희박한
절정에서 아만이 내면에
독처럼 퍼지기 전에
서둘러 나는 하산해야 한다
산은 여전히 절정에서

산정의 높이보다
발밑의 심연이 더 깊다
절정에서의 절경은
산맥과 산맥의 연봉이
파노라마처럼 펼쳐져 있다
내려가야 한다
여기는 겸손을 모르는
도취의 결핍만이 가득한 백척간두
진일보의 꿈, 천 길 벼랑에 묻고
하산이 도모하는
앞날의 새로운 등정을 향하여
서둘러 나는
들끓는 절정의 시간과 작별한다

우기의 새

아내와 함께 새벽 산행을 나섰다 언제나처럼 산길을 오르다 잠시 쉬며 빈속에 요기도 할 겸 길섶 정자 마루에 배낭을 풀었다 이른 아침의 산길이고 우기인지라 인적이 드물다 문득 맞은편 나뭇가지에 무슨 새 한 마리가 날아와 운다 새는 나뭇가지와 정자 마루 끝, 바위를 오가며 우리를 향해 사뭇 공격적으로 울어 댄다 빈 요구르트병 같은 새가, 이쑤시개보다도 더 가늘은 다리로, 부리에 먹이까지 물고서, 꽁지를 위아래로 들썩이며 촉급하게 울어 대는 것이다 어찌하여 새는 저리도 맹렬히 우는지, 우기를 맞아 새가 정자 안 처마 밑에 둥지를 틀었으리라는 것을, 새끼들에게 줄 먹이를 물고 둥지를 지키고자 저리 울어 댄다는 것을 문득, 알았을 때 우리는 황망했다 서둘러 정자를 비우자 새는, 쏜살같이 정자 안 숨은 둥지 쪽으로, 꽂히듯 날아갔다

문희경서*

문득 그 길을 걷고 싶다 걸으면 몸이 시원이 되는 맨흙의 길 자꾸 걸으면 겨드랑이에 깃털이 돋는 우화등선의 길 봄이면 봄꽃을 따라 여름이면 초록을 따라 가을이면 단풍을 따라 겨울이면 눈꽃을 따라 속으로 들수록 점점 더 깊어지는 점입가경의 길 그 길을 걸으면 굽이굽이 물소리 따라오고 그 길을 걸으면 아른아른 산영이 물빛에 어리는 가뿐한 오르막과 서늘한 내리막의 절묘한 기울기의 길 백성들 온몸으로 고개를 넘어 비로소 열리는 아아 세상 모든 근심이 지워지는 人頭鳥身의 길 새재의 길

희한하게도 이곳의 돌들은 먹돌처럼 단단한데도 돌의 살갗이 변화가 자심하다 산이 낳고 물이 쓰다듬은 聞慶의 돌 돌들은 강에서 오래오래 울었다 나는 물 마른 강에서 돌들이 그리움에 우는 소리를 오래 들었다 살갗 거칠은 돌들이 물길에 자신을 다스리며 출중한 형상을 빚는 것을 오래 보았다 돌들의 울음은 돌들의 꿈꿈 돌들이 울 때 울음은 자주 강을 범람했다 그 울음의 힘으로 돌들은 저마다의 가슴에 비장해 둔 흉강의 뼈들을 끄집어낸다 비로소 돌들은 돌을

넘어 형해의 일품을 이룬다

경미한 충격에도 그릇은 급소를 다친다 몸은 사금파리로 패총처럼 버려진다 불의 심연을 보는 견자여 몸은 무심을 빚기 위하여 물레는 돌고 또 돈다 그 길은 不二禪陶의 길 흙과 불이 잉태한 요요한 구슬의 길 지독한 어질머리여 무욕에서 빚어져 허공을 담을 때 그릇은 空으로 고요하다 그릇은 빈손이다 비우기 위해 오므린 그릇은 역리의 말씀이다 텅 빈 그릇을 가슴에 품은 사람들의 낙원이 세상에 존재한다는 풍설이 지금도 널리 인구에 회자되고 있다 그곳은 과연 어디일까?

서울을 가려면 반드시 이곳을 거쳐야 한다 그리운 곳은 그러나 서울이 아니라 바로 이곳이다 서울에서의 완성을 이곳은 크고 둥근 귀로 듣는다 이곳은 자연이 내린 귀의 고장이다 이곳의 귀는 세상 모든 내밀한 복음을 가만히 축복처럼 듣는다 이곳의 귀 밝은 아이들은 훤칠하게 자라나 서울로 간다 가서 저마다의 완성을 이루어 돌아와 이곳의 풍경이 된다 말씀은 섭리와 같아서 이곳의 아이들은 이곳의 길이 되고 이곳의 돌이 되고 이곳의 흙이 되어서 그릇을 빚어 세상을 품는다 歲歲年年

* '문경(聞慶)'의 지명은 '문희경서(聞喜慶瑞, 기쁜 소식을 듣는 경사롭고 상서로운 조짐의 고장)'라는 옛말에서 유래됨.

문경

모든 길들이 모든 빛들이 그곳으로 흘러가요
당신이 계신 곳 그곳은 눈부신 목적이 되죠
그리운 앞날이 됩니다 그곳으로 가요
말랑말랑한 과자를 먹으며
눈송이처럼 따스한 음악을 들으며
당신이 계신 곳

바람이 불고 눈이 오고
아아 꽃들은 저마다의 온기로 피어났어요
당신을 사랑한 그 고통의 뜻으로
노을이 오늘은 저리 붉으니
내일은 찬란한 아침이
빛으로 모든 길들 위에 다시 떠오를 거예요

저는 당신만을 생각합니다
해바라기처럼요
당신이 계신 곳 저의 모든 길들이
저의 모든 빛들이 풀려나고 묶이는 곳
그곳으로 갑니다 희원

견자

강의 상류는 악어들이 우글거린다 누 떼가 모여든다 강을 내려다보며 한참을 망설이던 누들이 강기슭을 미끄러지듯 내려와 이윽고 강을 건넌다 때를 기다리던 물속의 악어들이 누 떼를 덮친다 강물은 일순간에 피로 물든다 간신히 강을 건넌 누들이 뒷걸음질을 친다 기슭을 올라서는 누를 사자가 목덜미를 물고 놓아주질 않는다 얼룩말들은 강의 하류로 이동한다 강의 하류는 강폭이 넓고 수심이 깊어 여기저기 익사한 동물 사체가 물에 둥둥 떠 있다 얼룩말들이 대열을 지어 강을 건넌다 새끼 얼룩말이 거센 물살에 떠밀려 떠내려간다 강 저편 기슭에서 어미 얼룩말이 머리를 치켜들고 허공을 향해 히히히힝 울다가 떠내려가는 새끼를 망연히 바라보고만 있다

실재는 이 모든 광경을
주시하고 있다
삶도 죽음도 풍경처럼 펼쳐 놓고
실재는 이 모든 장면들을
천 개의 눈으로 물끄러미
지켜보고 있는 것이다

겁외에서

몰입의 무연한 끝에서 겁외는 펼쳐진다
내가 아니어서 나만이 가득한 겁외
시간을 벗어나 스스로 고요히 나는 있다
마음은 자재하여 바람으로 불다가
몸에 들어 들숨이 되고
몸을 나와 바람으로 불리는 날숨도 된다
이제 나는 드문드문
겁외에서 놀 줄 안다 겁외에서 놀다가
분별이 오면 분별이 있는 곳으로
덧없는 것들이 덧없이 흘러가는
세속으로 문득문득 돌아오는 것이다

3

나의 낙원

세상에서 가장 낮은 곳 미천한 곳 버려진 곳 몇 사람의 성인이 내려와 빛이 된 곳 용서할 것도 용서 받을 것도 없는 곳 저지레하는 아이처럼 마구 어질러도 용인되는 곳 닦을 것도 지울 것도 내려놓을 것도 없는

은빛으로 눈부신 곳 은총 아니면 안 되는 곳 눈썹 너머 우러르는 탁 트인 오염 없는 청결한 곳 올바른 곳 저 높은 곳을 향해 가다가다가 천 길 아래로 까마득히 떨어진

나락인 줄 알았지 바닥을 친 줄 알았네 천 길 아래로 까마득히 떨어진, 더 내려갈 곳 없는 바닥, 바닥은 그러나 마침내 가 닿아야 할 저 높은 바로 그곳이었네 노여움도 뉘우침도 없는 곳, 흉터 천지요 흠집투성이인 나를 전폭적으로 받아 주는 유일한 곳, 묶개력인 곳, 지금 여기, 알몸으로 뒹굴어도 좋은, 바닥, 아아 머나먼 나의 낙원

새의 기원

여기는 난생의 껍질로 가득하다
나는 지금 돌밭에서 새의 기원을 풍설로 듣는다
새는 본래 돌이었다
집념이 물안개처럼 풀리는 강의 하류에서
돌은 문득 날아올랐다
알은 울음을 絶筆로 다스렸다
울어서 一家를 이룬다면 울음은 강을 범람했으리
돌의 뿌리 눈썹 높이 떠올려
새의 깃털을 만드는 뜻으로
下心은 돌과 새의 외연을 지우며
돌밭에서 오래된 경전을 펼쳐 보인다
나는 돌들의 피부를 점자처럼 더듬는다
지금 나는 하오의 넓은 돌밭을 默讀 중이다
여기는 돌들의 울음이 야적되는 시원의 땅
알들은 부화를 향하여 내면의 無明을 쉬임 없이 쪼고 있다
말씀의 간절함이 돌탑으로 쌓인다면
어찌 새떼로 줄지어 날아오르지 않겠느냐
들끓는 돌들의 문자를 해독할 수 없는 나는
내 안의 새를 꺼내는 희박한 희망 버릴 수 없어

생애의 오후,

測光의 침침한 눈으로 시간의 책갈피 넘기며

돌밭을 오래오래 硏鑽하고 있나

오래된 고통

이 고통 약이 없고
이 고통은 치유될 수 없어
평생을, 평생을 안고 살아가는 것

이 세상
안 아픈 사람이 누가 있고
한 생애가
젖지 않은 삶 어디 있으리

내가 당신을 자비하고
당신이 나를 긍휼히 여겨야만이
이 고통을 잊을 수 있는 것
이 지독한 고통에서 잠시 벗어날 수 있는 것

이 고통 앞에서
아아 살아간다는
이 오래된 형벌 앞에서
지금 흐느껴 우는 단 한 사람을 위해
무릎 꿇고 뉘우치는 이 깊은 밤

나는
흐느껴 운다

차라리 그는 시인이었다

차라리 그는 시인이었다
생의 급소만을 산,
못난 모과처럼 흠이 많았던
깊고 그윽한 모과 향처럼 향기 짙은 사람
찬물에도 온몸을 데던
질량을 가진 내면을 가진 그는 아름다웠다

언제나 그곳에서 늘 그랬던 것처럼
그렇게 있을 것이라고 믿었던 사람
사내 대 사내로서 그렇게 한 번
뜨겁게 만나 포옹하고 싶었던
그런 그가, 어느 날, 문득, 순간 이동해 버렸다

이런 염염한 마음을 그리움이라 하나
없는 힘으로도 그를 지켰어야 할
이런 마음을 뉘우침이라 해야 하나
전체를 위해 진화했어야 할 그가,
그가, 지금, 세상에 없다

우리가 세상이라고 부르는 이곳에
봄꽃은 피고피고 지고 새가 운다
누선을 자극하는 이 흰 눈물은 무엇인가
광활한 우주의 한쪽 모서리가 너무 일찍 무너졌다는 생각
그리운 야생동물이 멸종되었다는 생각이
가슴 아리게 하는 이 저녁의 봄날

덧없음을 덧없음으로 온전히 살았던 이
덧없음을 전부 허공에 줄 줄 알았던 사람
치열하다 못해 두렵고 무서웠던 사람
시공을 함께 살아 늘 고맙고 행복했던 이
봉분도 없는 그의 무덤은 여기서 먼
남쪽에 있다 한다

희망의 원리

당신을 잃고 나는 쓴다 희망에 대해서
끝끝내 사람에 대해서
그 오랜 세월을 감옥에서
신문지만 한 햇볕이 생의 선물이었다고
하루 하루의 공부가
하루의 깨달음이
자신을 살아가게 했었다고
끝끝내 희망에 대해서 당신은 말했었다
이 냉혹한 세상의 감옥에서
우리는 살아남아서
이제 아무도 없다고
이제는 모두 다 가버렸다고
흐느끼는 조문객들을 보며 나는 생각한다
다시 희망에 대해서 캄캄함에 대해서
깨어지고 쓰러지고 짓밟혀도
끝끝내 다시 처음처럼
일어서는 사람에 대해서
이루어지지 않는 또다시 일어서는
또다시 일어설 수밖에 없는

캄캄함에 대해서 생각한다
희망은 이루어 낼 수 없는 것을 이루어 내려는
어리석음이라고 희망은
이루어지지 않는 것을 이루어지게 하려는
무모함이라고 말하는
다수에 대해서 대세에 대해서
나는 조용히 그러나 끈질기게 저항한다
홀로 어둠을 지키는 홀로 새벽을 기다리는
그 오랜 어리석음을 그 오랜 무모함을
버리지 않는다 희망은
아아 희망은 끝끝내 이기지 않는다
새벽이 오지 않아도
아직은 캄캄한 밤중이어도
희망은 희망은 기어이 패배하지 않는다

삶은 오래 계속된다

다시 꽃이 피었다
버려진 공터에 공터의 쓰레기 더미에
아직은 그늘에 잔설이
희끗희끗한 마을에 잿빛 도시에
아직도 아이들이 자라고 순한 짐승들
몸을 숨기는 적막강산에
아아 꽃이 다시 피었다
배가 가라앉고 가축들 산 채로
매몰되고 역병이 도는,
마침내 바닥이 하늘을 끌어내린
이 참담한 나라에 갈수록
아이들 울음소리 끊기고
청년들 송두리째 삶을
포기하는 나라에 서럽고 고단한
다문화가정 담장 울타리에
아아 다시 꽃이 피었다
세상이 변했지만
정작 변한 게 하나 없는 세상
이젠 다르게 살아야 한다고

삶은 이렇게 계속된다고
꽃 핀 만큼 세상은 달라질 거라며
꽃이 잔칫날 같은 흥성한 봄꽃이
처처에 거짓말처럼 피었다
봄이 왔지만 봄날은 요원한
황사 내리는 교외에
미세먼지 자욱한 도심에
헐벗은 산하에 황량한 마음과 마음에
아주 길고 어둡고 추운 겨울의 끝자락에
꽃이 다시 피었다

고통은 존재하지 않는다

병 속의 새를 꺼내려고
마음에 대해서 사유한다
마음이 안팎을 만드니
병이 있고 새가 생긴다
마음이 병을 만드니
병의 겉이 있고 속이 생긴다
마음이 병을 만드니
새가 있어 안에 갇히고
새가 없어 스스로 자유롭다
본래부터 아무것도 없다
아무것도 없는 것을
있다고 생각하니 생기고
생긴 것을 말로 표현하니
없는 것을 마음이 있다고 한다
고통은 존재하지 않는다
모든 것은 그대로인데
모든 것이 달라진다
삶의 모든 근심들
유정도 무정도 선도 악도

모두 마음이 짓고 만든다
모든 것은 지금 이 순간뿐이다
과거도 없고 미래도 없다
겉도 없고 속도 없다
안팎도 없다 있는 그대로
늘 생기는 지금이 전부다
순간이 영원이고 영원이 순간이다
지금 여기에 찰나찰나의 순간에
마음이 생겼다 사라진다
그뿐이다 그것이 전부다

원효

1

들어오너라 나는 이미 오래 전에 문 열려 있다
들어와 내 안에서 흐르거라
내 안은 전부 열린 바깥이니
내 안을 텅 빈 것으로 채우며 가거라

내 안에 들면 닫힌 너도 열리리라
내 안에 들면 닫힌 너도 열려
닫힌 또 다른 이를 열리게 하리라

우리 그렇게 열려 안에서 바깥으로 들어
이미 닫혀진 모든 안들의 문들을 열자

2

안이 바깥을 기다리면
바깥은 갇힌다
바깥이 기다림을 지워
안으로 들면
안은 확대되어
기다림도 없는 바깥이 된다
그때, 안도 바깥도
안과 바깥의 경계도 모두 없다

名人

나는 늘 규모 있는 대국을 꿈꾸었네 나의 돌은 진중했네 반상에 펼쳐지는 나의 돌의 낙점은 江岸에 내려앉는 기러기처럼 아름다웠네 丹靑의 시절, 나의 돌은 울음으로 벼린 金剛이었지 중원을 향한 나의 돌의 꿈은 純金처럼 눈부셨어 움직이는 나의 돌은 간단없이 적의 城을 허물고 드넓은 꿈의 국경을 겨누었네…… 허나, 越境은 닿을 수 없는 피안이었네 문별도 사치도 없는 나는 탱자나무 울타리 안의 帝王이었어…… 부복할 수 없는 나는 부복하는 것들의 기인 탄식이 후광으로 빛날 때 칼날처럼 오만했고 기침처럼 오래 외로웠네

下心은 질기고 모진 승부도 무화하네 나는 이제 치열하지 않네 집중된 이마는 풀어지고 자존의 관절은 꺾였어 入神에의 요요한 집념도 흑백의 돌이 수놓는 유려한 문양도 먼지와 같은 것 복기의 끝에는 언제나 맑은 뉘우침이 따라왔지만 새벽 未明은, 또다시 환멸 덩어리를 토해 낼 것이네 나는 순간을 목숨처럼 둘 것이야…… 正手定道, 나의 고갱이 떠올랐다 아득히 사라져 갔네

나는 주인空이다

나는 아무것도 아니다 아무것도 아니어서 나는 모든 것이다 나는 한결같은 형체가 없다 수시로 나는 몸을 바꾼다 허공의 몸이 구름이듯이 움직이는 나의 몸은 순간의 몸을 지워 찰나의 몸을 드러낸다 구름의 몸이 허공이듯이 규정할 수 없는 나의 몸은 작용이 다하면 흩어져 스스로의 몸으로 돌아간다 증발하는 물처럼 실체가 없기에 그물에 걸리지 않는 바람처럼 나는 자유롭다 찰나를 움직일 뿐 이름에 머물지 않기에 나는 내가 아니어서 아무것도 나는 아니다 그대를 보는 나를 내가 볼 수 없기에 그대를 보는 내가 그대이고 나를 보는 그대가 나여서 그대가 나이고 내가 그대이니 들꽃이 그대이고 바람이 나이며 돌이 그대여서 새는 아득히 날아오른다 아득히 날아올라 새는 허공으로 사라진다 사라지기에 돌은 사라지지 않는다 무겁고도 가볍고 가볍고도 무거운 그대여 사라지는 것들을 슬퍼하지 마라 모든 것은 사라진다 애곡하는 그대 또한 사라진다 사라지는 것들은 사라지기에 아무것도 아니고 아무것도 아니어서 사라지지 않는 절멸하는 눈부신 불멸이다

물에 대한 명상

물은 몸을 지워 몸을 드러내고 몸을 드러내어 몸을 지운다 물의 몸은 순간이다 물은 순간이 몸을 지우고 몸이 순간을 드러낸다 물의 몸은 흐름이다 물은 급소가 없다 번쩍이는 그대의 칼을 받아도 몸 한 번 뒤척이면 흔적마저 없는 물의 몸은 무한 허공이다 물은 스스로 젖어 젖지 않는다 젖지 않는 물은 두두를 젖게 하고 물물을 젖게 한다 물의 몸은 물기다 물은 스스로를 머물러 드러내고 스스로를 흘러 지운다 스스로를 지워 스스로를 머물고 스스로를 드러내어 스스로를 흐르는 물의 몸은 물방울이다 물은 스스로를 들어 입문하고 스스로를 나 출문한다 출문하여 끝이요 입문하여 시작인 물은 흐르고 흐르는 흐름으로 휜칠한 시작을 지우고 고단한 끝을 드러낸다 지우고 드러내며 드러내고 지우는 물의 몸은 물결이다 끝내고 시작하며 시작하고 끝내는 물의 몸은 물거품이다 물이라 불릴 뿐 물은 물이 아니어서 흐르고 흐르는 흐름으로 유일한 몸이다

갈대

가을 저무는 저녁
배경으로 서서
흔들흔들 흔늘리네
생의 절정을 지난
하오의 둔덕 어디쯤
무연히 희미한 뼈대로 서서
흔들흔들 스스로의 숨결로
흔들리고 있네
悔悟의 몸이여
이제는,
다만,
덧없는 이름이 되어
역광에 휩싸여
무광으로
쓸쓸히 빛나고 있네

마음의 여울

병산서원 만대루 기둥에 기대어 함께 앉았습니다 붉은 꽃잎을 이마에 매단 누하의 배롱나무가 옛날의 당신을 참 닮았습니다 저만치 물러나 준 병산을 배경으로 팔월의 강물이 유유히 흘러갑니다 누마루에 얹힌 하오의 햇살 아래 문득 우리 생애의 약도 같은 손금을 펼쳐 봅니다 손금 안에는 우리 살아온 날들이 켜켜이 쌓인 시간의 물살에 몸을 섞으며 흘러가고 또 흘러갑니다 산도 강물도 희치희치 낡은 옛집도 퍽 오래된 것들입니다 이렇게 오래된 것들이 모여 별안간 나를 세상에서 아주 많이 살고 싶게 합니다 강물이며 햇살이며 어느 기품 있는 집안의 따님인 듯한 화사한 배롱나무 붉은 꽃잎이며를 보면은 우리 생애의 고단한 삶도 남루한 슬픔도 이제는 훌륭한 추억임을 가만히 깨닫게 됩니다 강물 표면이 저무는 햇살을 받아 반짝이며 흘러가는 지금, 마음의 에움이 은혼의 반지 같은 전언이 되어 당신의 손을 꼬옥 잡았습니다

섬섬옥수

저리도 무심히 나뭇잎들을 흔드는 바람의 손입니다 나뭇잎들을 뒤집어 날아가는 것들을 향해 흔드는 나무의 손입니다 저무는 저녁을 붉게 물들이는 햇살의 손입니다 날카로운 칼날도 솜털처럼 가벼이 받는 물의 손입니다 창백한 푸른 별인 지구의 고단한 생명들을 끌어안는 달의 손입니다 만월처럼 둥근 그릇을 빚는 흙의 손입니다 위없는 권좌에서 한없이 낮은 곳을 향해 내미는 별의 손입니다 저렇게 둥글게 허공에 파문을 내며 종소리를 멀리 보내는 은종의 손입니다 종소리를 더 멀리 보내기 위하여 종은 더 아파야 한다*고 쓰는 시인의 손입니다 환한 문장마다 밑줄 긋는 손입니다 얇은 몸에 거미를 받아 창밖으로 모시는 종이의 손입니다 무릎 꿇고 간절히 기도하는 손입니다 내리는 한결같은 꾸준함으로 그래 그래 그래 흐느끼는 어깨를 다독이는 비의 손입니다 사랑한다 사랑한다고 어느 늦은 겨울 저녁의 움직이지 않는 검은 몸을 벼락처럼 껴안는 아아 야위고 흰 눈의 손입니다

* 이문재 시인의 시 '농담'에서 한 문장을 빌려 옴

속세의 아득한 저편

여기는 인적이 드문 곳이다 야산 자락에 잡목이 무성하고 거대한 돌들이 처처에 유적처럼 버려져 있다 신전은 이 많은 돌들 중의 어느 한 돌의 내부에 비장되어 있다 그 돌의 내부로 들어가는 입구는 덤불이 우거지고 마른 이끼가 자욱하다 둥지를 찾는 고단한 산새와도 같아서 나는 망설이다 가만히 돌의 내부로 든다 미로를 돌아 나선형 계단을 따라 내려가면 돌의 내부는 어스름 속에서 잿빛 사막이 끝없이 펼쳐져 있다 향초를 켜 놓은 듯 후각이 편온한 여기는 고요만이 가득할 뿐 새 울음 몇 점 허공의 깊이를 가늠하고 있다 건조한 바람만이 서성일 뿐 이곳은 허화가 살 수 없는 극지, 오래된 고요가 적멸의 지층을 지우고 있다 가경 하나 없기에 보이지 않는 것들이 다스리는 이곳은 이승이 아니어서 번연의 고통도 증애의 끊음도 없고 미명으로 날이 새고 미명으로 날이 저무는 여기는 저승도 아니어서 백화 장엄한 극락도 화광 충천한 연옥도 없어서 말씀의 당처마다 눠우침의 구슬 굴리기에 좋은, 오래오래 앉아 저물기 좋은 그런 나라여서 나는 이 나라에 조용히 은둔하려 한다 여기는 견딜 수 없는 고통이 지나간 흔적이 처처에 남아 있다 벗겨진 살갗의 몸에 모래가 닿는 통증처럼 쓰라린 시간이, 아아 시간이라는 이름의 뉘우침이 가서 여기는 고통이 무덤 속 서럽게 잠든 부장품처럼 제 빛깔을 잃고 녹이 슬고 있다 모래와 함께 비옥한 슬픔의 흙살로 우우우 바람에 불리고 있다 여기는 마음의 앞날이 애착 너머를 간다 여기는 맑은 몸이 듣는 곡진한 말씀도 덧없다 여기는 덧없음마저도 덧없어 이제는 더 이상 그립지 않은 것들이 다른 생의 기미가 되어 무한을 불린다 가뭇없이 영원을 불린다 이곳은 속세의 가녘에 숨겨진 깊고 편온한 돌의 내부, 무연한 좌선의 나라, 평생의 삶이 내리는 애애한 슬픔도 몸에 지니는 다정한 장신구와 같아서 여기는 몸의 윤곽이 지워진 마애불처럼 한 생의 끝이 아득히 지워진다 마음만이 홀로 고요히 빛나는 이 나라에서 나는 마침내 스스로 있는 단순한 실재일 것이다

덧없음의 발견

두 그루 나무 사이에 모로 누워 그는 잔불처럼 꺼지는 몸으로 겨우 말했다 모든 것은 변화한다 끊임없이 공부하여라 그가 잉걸이었을 때 그는 고통을 몰랐다 찰나만이 실재하는 것을 실재가 헛것이 아니라 헛것이 실재인 것을 몰랐다 그의 몸이 말라붙은 강바닥처럼 피골이 상접했을 때 그는 고통으로 고통을 알 수 없음을 알았다 흐르는 물에 몸을 씻고 세간의 죽으로 몸을 보한 후 그는 나무 아래 고요히 앉아 오래오래 생각을 끊었다 불현듯 어둠이 걷히고 돌처럼 감은 눈으로 그가 샛별을 보았을 때, 홀연 만상이 돌처럼 텅 비어 몰록 사라졌다 모든 것은 순간에 생겨나고 순간에 사라지는 것을 사라지기 위해 모든 것이 생겨나는 것을 그는 알았다 그리 난비하던 것들이 사라졌다 그토록 맹렬히 타오르던 고통의 불이 비로소 꺼졌다 실재는 스스로 있기에 침묵하는 것을 침묵하는 실재의 법을 지금 이 순간, 문득 깨치고야 말았다는 것을 그는 알았다

화양연화

꽃잎 흩날리는 이 아름다운 봄날도
꽃처럼 아름다운 그대 모습도
꿈결 같은 우리 사랑도
모두가 꿈
꿈속의
꿈

억겁다생이 꿈이기에
이생의 삶은
모두가 꿈
꿈속의
꿈

저리 눈부신 봄꽃도
그대의 설빈화안도
모두가 꿈
꿈속의
꿈

不來

나는 항체가 없습니다
나는 깊이깊이 상처받습니다
상처가 나를 단련시킵니다
상처가 나를,
두려움의 길 가게 합니다
나는 돌아오지 않습니다

4

만남

진열대 위에 항아리가 한 점 놓여 있다
가만히 물러나면서 나는 항아리를 본다
가만히 물러나는 나를
항아리는 가만히 달처럼 끌어당긴다
둥근 달 모양의 이마가 훤한 항아리
항아리는 가만히 나에게 자신을 소개한다
내가 항아리를 가만히 보고
항아리가 가만히 나를 본다
내가 항아리를 가만히 끌어당기고
항아리가 가만히 나를 끌어당긴다
물러나서 항아리를 가만히 보는 나
둥근 달 모양의 속이 텅 빈 항아리
나는 가만히 항아리에게 나를 소개한다

아침

아침,
아침이라는 말[言]이 어둠의 허허벌판에서
눈부신 태양처럼 떠오른다

아침,
아침이라는 말이 언어의 망망대해에서
한 마리 고래처럼 솟아오른다

아침, 이 얼마나 눈부신 희망인가
아침, 이 얼마나 펄떡이는 맥박인가

아침이 오면
눈부신 새떼들이 일제히 하늘로 날아오른다
아침이 오면
팔뚝만 한 생선들이 일제히 수면 위로 솟아오른다

아침이라는 말의 눈부신 희망
아침이라는 말의 눈부신 기적

길고 긴 어둠을 넘어 마침내 맞이하는

아아 오늘 이 아침

이렇게 가만히

바람의 손이 은종을 흔들면
은종은 몸을 움직여
공중에 숨어 있던
종소리를 가만히 끄집어낸다
종소리가 은종이처럼 반짝이며
은은히 울려 퍼지면
하루 일이 끝나고
밤하늘에 별들이
하나 둘 은종처럼 울려 퍼진다
돌과 돌이 이마를 부딪치면
불꽃이 일고 불꽃을 동그랗게
손으로 감싸면
공기 중에 숨어 있던
불의 아름다운 얼굴이
꽃처럼 화안히 피어난다
가난한 사람들 시린 몸 덥히는
모닥불이 되고
불은 서로의 가슴에 훈훈한
사랑의 열기가 되고

밥을 데워 주린 사람들 배불리는
한 그릇 따뜻한 희망이 된다
배려란 이런 것이다
작은 것들이 모이고 모여
숨어 있는 사랑을 끄집어내는 것
서로를 아름답게 빛나게 하는 것
배려는 이렇게 가만히
배경에서 염려해 주는 것이다

물에 대하여

오오 세상에 이것을, 이 우아한 것을
무엇이라 부르랴
만지면 흘러내리는,
이 아름다운 물질을
어떤 옷가지도 걸치지 않은
이 관능적인 알몸을
이름이 없고 이름이 앉을 자리도 없는
재현할 수도 없는,
이 요요한 날것을
무엇이라 불러야 옳으랴
황무지를 옥토로 만든
이 기적의 장본인을
바닥을 향해 쉼없이 움직이는
이 곡진한 긴 짐승을
뼈 없이 친절한 이 생명의 주인공을
무엇이라 불러야 하랴
낮은 데 더 낮은 데로 가다
문득 멈추어
자신을 들여다보는

이 텅 빈 생물의 속을
그 심연을
심연의 속속들이를
아낌없이 퍼 주는
퍼 주고도 남는 자연을
이 넉넉한 無量의 바다를
무엇이라 이름 지어 부를 수 있으랴

내 날개 옆에

우리는 지금 상승기류를 타고 더 높이 날아올라요 인간의 마을들이 저 밑에 점점이 낟알처럼 흩뿌려져 있네요 지상의 산맥들은 우람하게 솟아 우리 날개 옆으로 절벽처럼 끝없이 이어집니다 여보, 지금 우리는 8000미터급 고봉을 넘고 있네요 따뜻한 남쪽으로 가는 유일한 길 그 하늘길 날고 있어요 내 날개 옆에 언제나 든든한 당신의 날개가 있죠 추락하고 또 추락했지만, 죽지 꺾이고 부러졌지만, 당신은 좌절하지 않았죠 다시 힘차게 창공을 날죠 생의 숱한 고비를 우린 함께 넘어왔어요 여보, 지금 내 날개 옆에 당신의 날개가 은빛으로 빛나고 있어요 구름을 뚫고 구름 위에 비치는 햇빛의 잔광은 찬란하고 아름답습니다 그러나 저 찬란함은 저 아름다움은 덧없습니다 자신의 몸을 쳐서 이렇게 아득히 하늘을 날면은 우리 생은 오직 날아서 갈 수밖에 없는 고단한 길임을 깨닫게 되거든요 떠오르는 거대한 바람을 올라탄 우리의 날갯짓은 일생일대의 삶이어서 치열해야 마땅할 거예요 우아하고 유연한 당신의 날갯짓이 지금 내 날개 옆에 나란히 펼쳐집니다 여보, 우리는 지금 느닷없이 휘몰아치는 거센 눈보라를 뚫고 생의 남쪽을 향해 가장 높은 설산의 가장 험준한 벼랑을 넘어가고 있어요

그럼에도 불구하고

그럼에도 불구하고 의지는 불구를 끌고 가 기어이 희망에 도달한다 그 희망은 불구를 난관으로 인식하기에 거대한 희망이다 그럼에도 불구하고 뒷 문장은 앞 문장의 난관을 끌고 가 새로이 한 문장을 이루어 놓는다 앞 문장의 불구를 뒷 문장이 감당하고 뒷 문장의 의지가 앞 문장의 난관을 넘어서기에 이어진 문장은 강인하다 강인하고 늠름하다 이어진 문장의 힘은 전체를 향하여 사랑의 능력으로 확대된다 그럼에도 불구하고 고통을 감당한다고 그럼에도 불구하고 희망을 포기할 수 없다고 그럼에도 불구하고 삶은 계속된다고 아아 무수한 난관에도, 무수한 역경에도 불구하고 마침내 우리, 이루어 냈다고

귀향

귀향은 고향에 대한 성실이다
—하이데거

검던 귀밑머리가 하얗게 세도
아직도 그는 오지 않는다
그를 기다린 평생의 삶이 참 아득하다
유년의 꿈도
젊은 날들의 열망도
강물처럼 흘러갔다
밤이 깊어 어둠이 견고해도
하릴없이 나는 기다리고 있다
이 기다림의 자세가 나를 견디는
내 전부의 힘이므로
희망의 송두리이므로
그를 기다리며 그러나 나는 알게 되었다
그를 기다리는 것은
내가 그에게 가고 있다는 것을
내가 그에게
가고 있는 내가,

그리운 그라는 것을 알았다
내가 기다리는 것은
바로 나 자신이라는 것을
그를 기다리는
길고 긴 기다림이 비로소 완성한
내가 바로 그라는 사실을 깨달았다
그는 이미 내 안에 언제나 와 있는 것을
내 안에 언제나 와 있는 그를
내가 미처 몰랐다는 것을 알았다
모든 것 이렇듯이 자명할 때
불현듯 어둠이 밝아 오고
마침내 문득
그는 나에게 지금 막 도착하고 있다

사람의 운명

그가 죽었을 때 나는 많이 울었다
그가 죽고 그의 몸을 장의사가 염할 때
말라빠진 그의 몸을 보며 나는 흐느꼈다
그 몸에서 나는 태어났다 그해 나이
마흔 넘어 그날
나서 나는 가장 서럽게 울었다
울음이 주룩주룩 장대비로 쏟아졌다
누런 베옷 입은 상주로 서서
나의 몸은 범람하는 고통이었다
그가 죽었기에 슬퍼 운 건 아니다
그의 죽음이 애통해 운 것도 아니다
쓸쓸한 그의 말년을 그의 불행한 생애를
연민하여 운 것도 아니다 그로 인해 받았던
내 고통이 서러워 운 것도 아니다
잘못 산 그를 굳이 원망한 것도 아니다
당대에서의 그의 삶의 유형이
새삼 희소한 것도 아니었으므로
무를 수 없는 실패한 생의 과보를
그도 응당 받아야 했으므로

그러나 사람의 운명이
뜻대로 펼쳐지는 것인지에 대해서
자신의 생이 몰락하는 것을
그가 과연 담담히 지켜보았겠는지에 대해서
그의 일생이 그리도 어두운 광기로
얼룩졌는지에 대해서
그 내력에 대해서
그것이 서러워 나는 울었다
나의 생을 허락해 준
아아 나의 아버지
그의 나약함과 사랑의 결핍을 극복하기 위해
환갑의 민머리로 흐느껴 울며
그로부터 나는 다시 당당히 태어난다

무덤이 있는 풍경

겨울 끝 무렵 한적한 지방도로를 달리면
스쳐 가는 차창 밖으로 보이는
야산 발치의 둥근 무덤들이 정겹다
명절 뒤끝이라 잘 손질된 봉분들이
조용한 쉼터 같아 아늑하다
햇살이 따사로이 무덤들 주변에 내리면
색이 바랜 반원형의 안식들이
텅 빈 고요의 침묵으로
허열로 지친 마음을 가만히 다독인다
삶은 여전히 알 수 없는 미망이지만
살아낸 삶 쪽에서 보면
그만큼 아득한 벼랑이다
늘 죽음을 모시고 삶을 다스려야 하는 법
삶이 죽음의 서늘한 말씀을
욕망으로 고단하여 해독하지 못할 때
죽음은 삶을 벼랑으로 몰고 간다
근경의 무덤들이 이리도 편안한 것은
풍상을 겪은 마음의 핼쑥함이
죽음의 안식을 바라보기 때문이다

망자의 생애도 산 자의 애도도
시간의 까마득한 황야로 흘러간 지금
죽음의 슬하가 이리도 다정한 것은
아직도 내가 울고 있기 때문이다
가닥가닥 뼈마디의 고통으로
캄캄히 눠우치고 있기 때문이다
삶이 만든 삶의 벼랑을 살아서 받는 지금
완전한 삶의 죽음들이 넉넉한 애덕으로
나의 얼룩을 너그러이 지우고 있다
삶이 죽음을 받지 못할 때 삶은 죽고
죽음은 삶을 버리고 저 홀로 죽는다
죽음은 죽어서도 삶을 버리지 않는다
죽음은 죽음으로 삶을 삶 쪽으로 끌어당긴다
무덤은 죽음이 삶을 떠받치고 있는 둥근 요람이다

유적지에서

—로드리고, 아랑후에즈 협주곡 2악장에 대한 단상

먼 길을 돌아 우리 다시 이곳에 왔습니다 여기는 이제 떨어진 잎들이 이리저리 바람에 불리며 광장 주변을 사운대고 있습니다 사위는 잿빛으로 저물고 시계탑 뒤로 먼 산이며 근처 나무들도 어둑어둑 어두워집니다 빛바랜 담쟁이넝쿨 사이사이 춤추고 노래하던 옛사람들의 창문은 닫히고 짧은 해는 차가운 빛으로 남아 아직 뜨락을 헤매는 잎들 위에 머물다 흩어집니다 아아 죄다 어디로 갔을까요? 밤하늘의 눈부신 성채가 수십만 광년을 건너 문득 다른 은하로 옮겨간 것처럼 우리의 찬란한 날들이 어느 먼 별의 캄캄한 심연으로 송두리째 빨려 들어가 버린 것일까요? 무지개를 수놓으며 하늘 향해 솟구치던 분수대의 물줄기도 끊어지고 왕궁 철문의 빛나던 왕조의 휘장도 녹슬었습니다 우리는 이제 무릎 관절이 불편한 노구로 서서 시간의 아득한 변경을 서성이고 있습니다 쏟아 버린 물처럼 온밤을 낭비했던 그 시절 그 벅찬 시간들은 어디로 급류처럼 떠내려가 버렸을까요? 순간순간이 빛이던 나날들이 앞날을 향해 열리던 모든 길들의 눈부심이 어디로 쏜살같이 흘러가 버린 것일까요? 옛날의 영화는 가뭇없이 잊히고 하오의 정원은 키 작은 관목들이 창백한 빛으로 시들고 있습니다 은박지처럼 희미하게 반짝이는 우리 옛사랑의 시간들이 바람결에 채 지지 못한 나뭇잎들처럼 손을 흔들며 물기 머금어 뿌연 풍경 너머 저 멀리로 하염없이 하염없이 사라지고 있습니다

격려

먼 길 가는데
길은 멀고 험한데

문득,
내 안의 시가 말했다

가야 할 길이 있고
갈 수 있는 몸 있으니
얼마나 좋으냐

가슴 먹먹하다
눈시울이 젖는다

돌의 급소

그럼에도 불구하고,

그렇기 때문에

덧없기 때문에

사랑해야 한다

흘러가는 것들의 세상

흘러가는 것들이 흘러가니 흘러가는 것들이 다만 흘러가고 있을 뿐이다 흘러가는 것들이 흘러가서 흘러간 것들이 되면 흘러갈 것들도 흘러가서 흘러간 것들이 될 것이다 흘러가는 것들이 흘러가서 흘러간 것들이 되면 흘러갈 것들도 흘러가는 것들이 되어서 흘러갈 것이다 흘러가는 것들이 자꾸자꾸 흘러가고 흘러가서 흘러간 것들이 되면 흘러갈 것들도 자꾸자꾸 흘러가고 흘러가서 흘러간 것들이 될 것이다 흘러간 것들과 흘러가는 것들과 흘러갈 것들은 흘러갔고 흘러가고 흘러갈 뿐이어서 흘러갔고 흘러가고 흘러감 속에서 오직 흘러갈 뿐인 것이다 흘러간 것들과 흘러가는 것들과 흘러갈 것들은 모두 흘러가는 것들이어서 그저 흘러갔고 흘러가고 흘러갈 뿐인 것이다 흘러가는 것들이 흘러가니 흘러가는 것들이 다만 흘러가고 있을 뿐이다

희희낙락

허공의 몸이 구름이니 구름의 몸이 허공이어서 물의 몸이 흐름이요 흐름의 몸이 물이니 아는 것이 모르는 것이요 모르는 것이 아는 것이어서 산이 산이어서 산이 산이 아니요 물이 물이 아니어서 물은 그저 물이니 알면서 모르고 모르면서 아는 것이니 내가 그대가 아니어서 내가 그대요 그대가 나여서 그대는 그대가 아니니 평생의 삶이 허공이요 구름이며 물속의 물이니 꿈속의 꿈이라 있음이 없어 없음이 있고 없음이 없어 있음이 있으니 피고지고 지고 또 피는 꽃이여 지고뜨고 뜨고 또 지는 별이니 이름이 이름이어서 이름이 이름이 아니요 이름이 이름이 아니어서 이름은 그저 이름이니 한 생의 삶이 꿈이라 한들 거품이라 한들 그림자라 한들 이슬이라 한들 헛것이라 한들 번개라 한들 삶이여 찰나여 찰나의 광휘여 광휘의 눈부심이여 후– 불면 사라지는 모래 만다라여 아아 먼지의 생이여

돌의 초상

—仲兄께

오랫동안 가만히 있었을 것이다
단지 바라보기만 했을 것이다
다가오는 것들을
멀어져 가는 것들을
그저 담담히
텅 빈 무관심으로
맞이하고 떠나보냈을 것이다
가고 오는 것들이
다가오고 멀어져 가도
몸을 움직이지 않았을 것이다
마음을 단지
알아차리기만 했을 것이다
비바람이 살갗을
헤집어도
순순히 받아들였을 것이다
오랫동안 물방울이
몸에 구멍을 뚫어도
말없이, 견뎠을 것이다
미동도 없이

언제나 그 자리에서
몸과 마음에서
일어나고 사라지는 것들을
물끄러미
바라보기만 했을 것이다
한평생을 그렇게 살았을 것이다

종이 울릴 때마다

종이 울리면 세상의 모든 새들이 종소리를 물고 멀리멀리 날아간다 멀리멀리 날아가서 세상의 끝에서 종소리의 끝을 은빛 그물처럼 지상에 펼쳐 놓는다 종소리의 은빛 그물에 걸린 지상의 모든 사람들은 깊은 밤 꿈을 꾼다 꿈속에서 종이 울리면 천상의 모든 새들이 종소리를 물고 멀리멀리 날아간다 멀리멀리 날아가서 천상의 끝에서 종소리의 끝을 은빛 그물처럼 하늘에 펼쳐 놓는다 종소리의 은빛 그물에 걸린 하늘의 모든 별들은 깊은 밤 꿈을 꾼다 꿈속에서 종이 울리면 세상의 끝에서 종소리의 은빛 그물에 걸린 지상의 모든 사람들은 하늘로 올라가고 천상의 끝에서 종소리의 은빛 그물에 걸린 하늘의 모든 별들은 지상으로 내려온다 종소리가 세상과 천상에서 울릴 때마다 지상의 모든 사람들은 하늘로 올라가 별이 되어 반짝이고 하늘의 모든 별들은 지상으로 내려와 사람이 되어 살아간다 종소리가 세상과 천상에서 울릴 때마다 지상의 모든 사람들과 하늘의 모든 별들이 서로 자리를 바꾼다

극락에서

꽃나무들은 내면의 다채로운 색들을 바깥으로 폭죽처럼 터뜨린다 꽃들의 화사한 자태가 어울린 사월의 산길은 그대로 절경이다 계곡의 낮은 물소리를 오래 들으며 당신과 걸었다 잎들은 이제 막 첫 잎이어서 어여쁜 새들의 발랄한 운율과 오롯이 한 몸이다 햇빛은 양명하고 바람은 잔잔하다 꽃들은 빛으로 피어 눈부시고 물소리는 귀로 열려 환하다 우리는 지금 꽃 핀 세상의 덧없는 아름다움을 만끽하고 있다 아무도 우리를 간섭하지 않는다 붉은 먼지의 세상은 여기서 멀리 있다 사랑의 거울이 깨어지고 누군가의 일생의 문이 닫혀도 그 슬픔들은 우리와 무관하다 그것들은 우리를 잡아당기지 않는다 그것들은 우리들 생의 사건 지평선 너머에 있다 곧 날이 저물 것이다 꽃길만 걸었다는 당신의 재담을 나는 사랑하지 않을 재간이 없다 소박한 저녁을 먹고 몇 개의 사소한 문장들을 엮어 여적을 끄적이다 이윽고 우리는 어둠을 얻어 비단결 같은 잠 속으로 빠져들 것이다

내가 없는 사랑의 노래

간밤에 비가 내려 메마른 땅이 촉촉이 젖었습니다 그 땅 위에 파릇파릇 새싹이 돋아났습니다 구름은 걷히고 파란 하늘이 환한 햇빛을 땅 위에 골고루 나누어 주었습니다 새싹은 햇빛을 받아 들판을 질주하는 초록이 되었습니다 끝없이 펼쳐진 초록의 들판을 아이들이 마구 내달렸습니다 넘어지면 손잡아 일으켜 주고 힘겨워 쓰러지면 다독이며 무장무장 힘을 북돋아 주었습니다

아아 눈물 속의 세상이
지금, 여기,
내 안에 내가 없는 사랑으로
늘 펼쳐져 있었습니다

시인이 쓴 해설

시가 발견한 내 안의 고요

시인이 쓴 해설

시가 발견한 내 안의 고요

시집의 맨 앞자리에 아래 시를 놓는다. 시집의 서시다. 시집의 서시와 길의 여정, 終詩는 서로 연관되어 있다. 서시의 의미 파악은 시집 전체를 이해하는 핵심이 된다. 길은 시집의 은유이고 서시는 시집 전체 시의 은유이다.

물이 칼인 때가 있었습니다

물이 칼이었다면
아아 그때
칼은 무엇이었습니까?

햇살 아래에서

비로소

물이 물소리로 물을 흘러갑니다

—「햇살 아래에서」 전문

위 시에서 화자는 과거와 현재의 삶을 칼과 물에 비유하고 있다. 비유적 맥락에서 칼이 물이 되는 삶은 선의 깨달음의 원리를 닮았다. 깨달음에 이르는 선의 원리는 세 단계로 나뉜다. 첫 단계는 '물은 물이다'의 단계다. 이 단계는 인식의 주체가 대상을 현상으로만 인식한다. 즉 대상을 보되 대상의 본성은 보지 못한다. 둘째 단계는 '물은 물이 아니다'의 단계로, 대상에 대한 부정이 일어난다. 이 단계는 인식의 주체가 성숙하기 위해서 반드시 거쳐야 하는 과정이다. 셋째 단계는 '물은 그저 물이다'의 단계다. 대상에의 부정을 다시 부정하여 마침내 대긍정에 이르는 단계다. 이 단계에서 대상은 비로소 본성을 드러낸다. 위 시에서 물은 본연의 자연스러운 삶을 의미한다. 그 삶은 칼로 인해 훼손된다. 칼은 삶의 고통에 다름 아니다. 그러나 그 칼만이 삶을 삶으로 치열하게 인식하게 한다는 점에서 칼은 고통과 구원의 양면성을 갖는다. 칼을 거치지 않는 물은 본성의 물이 될 수 없다. 칼을 겪지 않은 물은 허상의 물이다. 화자는 지난날의 삶이 칼이었다고 고백한다. 더 나아가 화자는 "물이 칼이었"을 때 "그때 / 칼은 무엇이었"느냐고 스스로에게 되묻는다. 칼이 지나갈 때 삶은 살을 베인다. 그러나 삶이 칼에 베이고 그 흉터가 아물지 않을 때, 삶은 허상이다. 물이 칼이 되는 삶과 물이 칼이 될 수밖에 없는 삶을 사유하는 일은 고통스럽다. 그러나 그 고통은 마침내 물을 그저 물로 보는 참다운 본성에 이르게 한다. 모든 것이 확연히 드러나는 "햇살 아래에서" 물이 그저 물로 흐르는 순간이 펼쳐진다. 화자는 비로소 회복된 것이다. 삶이 깊어졌고, 삶이 넓어진 것이다. 물을 물로 치유시킨 것은 물이 아니고 칼이다. 칼은 칼을 불러왔지만, 칼은 물을 그저 물로 보는 삶의 진경을 만나게 한다.

그러면 화자에게 물이 칼이 되는 과정을 살펴보자. 칼이 고통이었다면 이 시집에서 고통에 대해 쓴 작품들을 따라가 보자.

> 나무는 한 그루의 광막한 우주
> 흔들리는 나뭇잎들은
> 허공에서 빛나는 무수한 별들
> 별이 아스라이 멀 듯이
> 한 알의 모래여 잎은 까마득히 먼 것을

문득 나뭇잎 한 잎 진다
지는 잎은 수백 광년의 시공을 줄여
종신하는 별을 보여 주고 있다
지는 잎의 태도가
저리도 성실한 것은
홀연 별의 임종을 추이로 들키기 때문이다

울음을 지나온 삶은 편하다
아픔이 가면 그러나 시는 오지 않는다

—「고통」 전문

위 시에서 화자는 나무에서 떨어지는 잎을 보며 별의 죽음을 연상한다. 나뭇잎의 떨어짐이 현상의 소멸이라면, 별의 죽음은 우주적 차원의 소멸이다. 그것들은 서로 연관되어 있다. 현상의 죽음과 우주적 죽음이 서로 연관되어 있다면, 살아 있는 모든 것들의 죽음은 화자에게 연민의 대상이 된다. 연민은 애착과 두려움의 다른 이름이다. 나뭇잎과 별 그리고 화자 자신을 포함한 모든 살아 있는 것들은 죽음에서 벗어날 수 없다. 그 인식이 화자에게 고통을 만든다. 그 고통은 근원적이다. 시인은 살아 있는 모든 것들의 소멸을 지켜보아야 한다. 그것이 시인의 사명이다. 그 일은 그에게 고통을 준다. 그는 예민한 피부를 가지고 있기 때문이다. 시를 쓰지 않을 때 그는 비로소 "편하"지만, 그 "편"함은 다른 차원에서 그를 고통스럽게 한다. 그 고통은 윤리적이다. 그는 시 쓰기를 통해 살아 있는 모든 삶들과 연결된다. 살아 있는 한 우리는 어떤 식으로든 타인과 연결될 수밖에 없고, 나와 연결된 타인은 우주에 존재하는 모든 생명과 하나일 수밖에 없다. 타인을 나 자신으로 발견하지 못할 때, 우리는 삶의 중심을 잃고 고통에 빠진다. 타인을 전체의 나로 받아들일 때, 그때 비로소 우리는 개체적 삶의 고통에서 벗어날 수 있다. 내가 사랑하는 것은 살아 있는 모든 것이어야 한다. 그것이 우리가 인간인 유일한 이유이다.

이 고통 약이 없고
이 고통은 치유될 수 없어
평생을, 평생을 안고 살아가는 것

이 세상
안 아픈 사람이 누가 있고
한 생애가
섧지 않은 삶 어디 있으리

내가 당신을 자비하고
당신이 나를 긍휼히 여겨야만이
이 고통을 잊을 수 있는 것
이 지독한 고통에서 잠시 벗어날 수 있는 것

이 고통 앞에서
아아 살아간다는
이 오래된 형벌 앞에서
지금 흐느껴 우는 단 한 사람을 위해
무릎 꿇고 뉘우치는 이 깊은 밤

나는
흐느껴 운다

—「오래된 고통」 전문

나뭇잎의 떨어짐에서 별의 죽음을 예감하는 화자의 초월적 연민은 위 시에서 현상적 차원의 삶으로 복귀한다. 삶은 고통의 바다다. 우리는 매 순간 죽음을 향해 나아가고 있다. 삶이 죽음으로 귀결될 때, 삶은 덧없고 따라서 고통스럽다는 인식은 모든 생명의 숙명적인 "형벌"이다. 아무도 죽음을 피해 갈 수 없다면, 우리는 역설적으로 이렇게 되물을 수밖에 없다. 죽음으로 갈 수밖에 없는, 이 고통스러운 삶을 왜 태어나야 했느냐고. 내가 이 고통스러운 삶을 왜 견디며 살아야만 하느냐고. 그 물음은 정당하고 그 물음은 대답할 수 없기에 불가해하게 절실하다. 화자는 삶을 "오래된 고통"으로 규정한다. 인류의 삶을 지배하고 있는 이 "오래된 고통"의 전승이 인류 전체 삶의 역사라는 것을 부인할 사람은 아무도 없을 것이다. 현상계에서 살아 있는 모든 것들의 삶은 생멸을 되풀이해야만 한다. 화자가 “지금 흐느껴 우는” 까닭은 “살아간다는” 이 “오래된 고통” 앞에서 모든 사람이 동병상련의 처지일 수밖에 없다는 인식 때문이다. “이 깊은 밤”에도 또 다른 나일 수밖에 없는 존재들은 삶의 고통에 짓눌려 흐느껴 울고 있을 것이다. 이러한 근친적 인식은 우리를 고통스럽게 한다. 그것에의 유일한 치유는 서로를 향한 연민과 사랑뿐이다. 연민과 사랑은 언제나 형상 너머 무상에 존재한다.

병 속의 새를 꺼내려고
마음에 대해서 사유한다
마음이 안팎을 만드니
병이 있고 새가 생긴다
마음이 병을 만드니
병의 겉이 있고 속이 생긴다
마음이 병을 만드니
새가 있어 안에 갇히고
새가 없어 스스로 자유롭다
본래부터 아무것도 없다
아무것도 없는 것을
있다고 생각하니 생기고
생긴 것을 말로 표현하니
없는 것을 마음이 있다고 한다
고통은 존재하지 않는다

모든 것은 그대로인데
모든 것이 달라진다
삶의 모든 근심들
유정도 무정도 선도 악도
모두 마음이 짓고 만든다
모든 것은 지금 이 순간뿐이다
과거도 없고 미래도 없다
겉도 없고 속도 없다
안팎도 없다 있는 그대로
늘 생기는 지금이 전부다
순간이 영원이고 영원이 순간이다
지금 여기에 찰나찰나의 순간에
마음이 생겼다 사라진다
그뿐이다 그것이 전부다

—「고통은 존재하지 않는다」 전문

화자는 "마음에 대해서 사유한다." 현상적 세계의 고통은 이원적 세계의 인식으로 해결할 수 없다는 것을 화자는 깨닫는다. 현상적 세계의 이면에는 초월적 세계가 존재한다. 초월적 세계인 순수 의식으로 인식하면 현상계의 모든 삶은 환상이다. 마음은 내가 아니다. 마음은 허상이 만들어낸 생각 속의 나이다. 그것은 착각이며 헛것에 불과하다. 마음이 깃드는 곳이 몸이기에 몸 또한 내가 아니다. 마음의 근거가 생각이기에 생각 또한 허망한 그림자에 지나지 않는다.

우리가 나라고 믿어 온 몸과 마음이, 생각이 모두 허상임을 인식할 때, 우리는 개체적 자아에서 벗어나 순수 의식 자체인 전체적 자아를 비로소 발견할 수 있게 된다. 개체적 자아가 없다면 개체적 자아의 삶도, 그 삶의 고통도 당연히 없다. 나는 없다. 나는 무아인 것이다. 나는 없고 없는 무아의 내가 연기로 덧없는 삶을 영원히 오고 가고 있을 뿐이다. 그것이 삶의 실체다. 시간이 지워질 때 우리는 비로소 지금의 나를 온전히 살게 된다. 시간은 현상적 자아가 만든 왜곡된 현상일 뿐이다. 과거는 지금의 기억으로만 존재하고, 미래는 지금의 상상력으로만 올 수 있을 뿐이다. 우리에게 있는 것은 "지금 이 순간"밖에 없다. 그러한 사실을 깨닫는다면 생멸하는 현상적 삶도, 그 삶의 고통도 단지 어리석음이 만든 허상임을 깨닫게 된다. 그때 우리의 삶은 비로소 고통에서 자유로울 수 있다. 진실로 "고통은 존재하지 않는다." 고통이 존재한다고 믿는 인류의 오래된 환상만이 존재할 뿐이다.

두 그루 나무 사이에 모로 누워 그는 잔불처럼 꺼지는 몸으로 겨우 말했다 모든 것은 변화한다 끊임없이 공부하여라 그가 잉걸이었을 때 그는 고통을 몰랐다 찰나만이 실재하는 것을 실재가 헛것이 아니라 헛것이 실재인 것을 몰랐다 그의 몸이 말라붙은 강바닥처럼 피골이 상접했을 때 그는 고통으로 고통을 알 수

> 없음을 알았다 흐르는 물에 몸을 씻고 세간의 죽으로 몸을 보한 후 그는 나무 아래 고요히 앉아 오래오래 생각을 끊었다 불현듯 어둠이 걷히고 돌처럼 감은 눈으로 그가 샛별을 보았을 때, 홀연 만상이 돌처럼 텅 비어 몰록 사라졌다 모든 것은 순간에 생겨나고 순간에 사라지는 것을 사라지기 위해 모든 것이 생겨나는 것을 그는 알았다 그리 난비하던 것들이 사라졌다 그토록 맹렬히 타오르던 고통의 불이 비로소 꺼졌다 실재는 스스로 있기에 침묵하는 것을 침묵하는 실재의 법을 지금 이 순간, 문득 깨치고야 말았다는 것을 그는 알았다
>
> —「덧없음의 발견」 전문

인류 역사에서 초월적 세계를 발견한 사람은 붓다였다. 그는 깨어 있음으로 고통의 끝을 경험한 최초의 인물이다. 화자는 위 시에서 자신을 붓다와 포갠다. 그는 지금 붓다의 내력을 쓰면서 자신의 무명이 깨어나기를 소망한다. 쾌락과 고통의 양극단을 경험한 붓다는 무아의 중도로 깨달음의 삶을 실현한다. 무상의 발견은 개체적 자아를 향한 애착을 지운다. 개체적 자아가 사라질 때 허상이 만든 고통도 사라진다. 서늘히 깨어 만상의 '덧없음'을 '발견'하는 견성의 과정은 극적이다. 붓다의 삶은 희유하며 그의 말씀은 화자를 비롯한 후대의 인류에게 삶의 고통을 극복하는 명약이 되었다. 붓다를 일컬어 의왕이라고 명명하는 까닭이 여기에 있다. 마음의 병은 받아들임이 약이다. 받아들임은 깨어

있음과 지켜봄, 내맡김의 과정을 의미한다. 지금 이대로의 삶을 있는 그대로 수용할 때, 문득 삶은 다른 차원에서 새롭게 펼쳐진다. 그토록 견디기 힘들었던 삶도, 신산스러운 삶의 고통도 한낱 물거품에 지나지 않는다. 붓다는 깨어 있음이 고통의 끝이라고 했다. 붓다의 삶은 평범한 이들에게 한 줄기 빛이었다. 왜냐하면 붓다가 우리 자신임을, 붓다는 몸소 체험으로 우리에게 증명해 주었기 때문이다. 내 안에 붓다가 있다. 내가 바로 붓다라는 인식은 화자를 문득 자유롭게 한다.

> 강의 상류는 악어들이 우글거린다 누 떼가 모여든다 강을 내려다보며 한참을 망설이던 누들이 강기슭을 미끄러지듯 내려와 이윽고 강을 건넌다 때를 기다리던 물속의 악어들이 누 떼를 덮친다 강물은 일순간에 피로 물든다 간신히 강을 건넌 누들이 뒷걸음질을 친다 기슭을 올라서는 누를 사자가 목덜미를 물고 놓아주질 않는다 얼룩말들은 강의 하류로 이동한다 강의 하류는 강폭이 넓고 수심이 깊어 여기저기 익사한 동물 사체가 물에 둥둥 떠 있다 얼룩말들이 대열을 지어 강을 건넌다 새끼 얼룩말이 거센 물살에 떠밀려 떠내려간다 강 저편 기슭에서 어미 얼룩말이 머리를 치켜들고 허공을 향해 히히히힝 울다가 떠내려가는 새끼를 망연히 바라보고만 있다
>
> 실재는 이 모든 광경을

주시하고 있다
삶도 죽음도 풍경처럼 펼쳐 놓고
실재는 이 모든 장면들을
천 개의 눈으로 물끄러미
지켜보고 있는 것이다

—「견자」 전문

자유는 분별에 얽매이지 않는 것이다. 자유는 현상계가 환상임을 깨닫는 것이다. 현상계의 삶과 죽음은 스스로의 인연에 의해 펼쳐지는 자연스러운 현상일 뿐이다. 깨닫고 보면 삶은 무아다. 개체적 자아는 형상이 소멸하여 초월적인 무의식의 상태에 있다가 또 다른 인연으로 다른 형상을 받아 현상계에 그 모습을 현현한다. 자신을 지각할 수 없는 순수 의식이 상대적 세계의 형상을 받아 개체 의식으로 현상계를 거듭하여 생멸하지만, 그 생멸의 순환적 반복에서 윤회의 주체는 없다. 무아가 자연 윤회하는 것이다. 무아가 자연 윤회한다면 개체의 카르마는 존재하지 않는다. 우주적 관점에서 보면 인간은 이 행성에서 짧은 순간을 살다 간다. 위 시에 묘사된 동물들의 삶과 죽음은 인간 세계의 시적 비유일 것이다. 인간종이 불완전하여 그 삶과 죽음이 고통스럽고 끔찍하다 해도 우주적 차원에서는 아무 문제가 없다. 비극적이라거나 잔인하다는 인식은 개체적 입장의 시각일 뿐이다. 어쩌면 우리는 실존의 고통을 통하여 현상적 세계의 이면에 존재하는 초월적 세계를 지각하는지도 모른다. 실존의 고통이 없었다면 고통이 존재하지 않는 세계를 향한 자각의 노력이 아예 없었을 테니까 말이다. 순수 의식은 자신이 만든 모든 형상의 삶과 죽음을 스스로의 눈으로 지켜본다. 개체 의식이 순수 의식의 관점에서 모든 분별을 버리고 현상을 있는 그대로 수용하고 지켜볼 때 자유는 비로소 얻어지는 것이다.

귀향은 고향에 대한 성실이다
—하이데거

검던 귀밑머리가 하얗게 세도
아직도 그는 오지 않는다
그를 기다린 평생의 삶이 참 아득하다
유년의 꿈도
젊은 날들의 열망도
강물처럼 흘러갔다
밤이 깊어 어둠이 견고해도
하릴없이 나는 기다리고 있다
이 기다림의 자세가 나를 견디는
내 전부의 힘이므로
희망의 송두리이므로
그를 기다리며 그러나 나는 알게 되었다
그를 기다리는 것은

내가 그에게 가고 있다는 것을
내가 그에게
가고 있는 내가,
그리운 그라는 것을 알았다
내가 기다리는 것은
바로 나 자신이라는 것을
그를 기다리는
길고 긴 기다림이 비로소 완성한
내가 바로 그라는 사실을 깨달았다
그는 이미 내 안에 언제나 와 있는 것을
내 안에 언제나 와 있는 그를
내가 미처 몰랐다는 것을 알았다
모든 것 이렇듯이 자명할 때
불현듯 어둠이 밝아 오고
마침내 문득
그는 나에게 지금 막 도착하고 있다

―「귀향」 전문

화자는 하이데거를 인용해 실재의 체험을 '귀향'으로 서술하고 있다. 삶의 비밀은 그 열쇠가 바깥에 있지 않고 자신의 안에 있다. 자신의 안을 비로소 깨칠 때 삶은 안팎이 없고 모든 나만이 존재한다. 그것이 실재이다. 그것이 하이데거가 말하는 '귀향'이다. 우리가 구원되려면 살아서 '귀향'해야 한다. 즉 우리가 고향으로 돌아가는 유일한 길은 죽기 전에 죽어야 한다. 개체적 내가 죽을 때 비로소 전체적 내가 눈뜨게 된다. 그것이 삶의 비밀이다. 화자는 삶의 많은 날들을 살았다. 그에게 남아 있는 나날은 노년의 저녁이다. 저녁에 비로소 "도착하"는 삶을 그는 담담히 지켜보고 있다. 그리운 삶이 "그리운 그"였고 "그리운 그"가 "바로 나 자신이라는" 삶의 고해는 아름답다. "기다림"은 기다림이 아니고 "기다림"은 지금 자신의 삶의 수용이며 그것을 자신의 내면으로 전환시키는 화자의 인식은 너그럽다. 삶은 이렇게 화자를 전혀 다른 사람으로 바꾸어 놓는다. 화자는 이제 고향에 안주할 것이다. 평생을 고향에 성실하고자 했던 화자의 삶은 인류 정신의 진보가 헛되지 않았음을 보여 주는 개체적 근거가 된다. 삶은 영원하고 우리가 현상의 이원적 삶에서 본질을 이해하려 애쓰는 유일한 이유는 인류 의식의 향상만이 우리 전체 삶의 유일한 구원이기 때문이다. 그것이 두고두고 이 행성에 태어날 뭇 생명들의 삶을 화평과 평안으로 이끄는 유일한 길이기 때문이다.

간밤에 비가 내려 메마른 땅이 촉촉이 젖었습니다 그 땅 위에 파릇파릇 새싹이 돋아났습니다 구름은 걷히고 파란 하늘이 환한 햇빛을 땅 위에 골고루 나누어 주었습니다 새싹은 햇빛을 받아 들판을 질주하는 초록이 되었습니다 끝없이 펼쳐진 초록의 들판을 아이들이 마구 내달렸습니다 넘어지면 손잡아 일으켜 주고

힘겨워 쓰러지면 다독이며 무장무장 힘을 북돋아 주었습니다

아아 눈물 속의 세상이
지금, 여기,
내 안에 내가 없는 사랑으로
늘 펼쳐져 있었습니다

—「내가 없는 사랑의 노래」 전문

시집의 終詩인 위 시는 시집 서시와 시 배치의 형식상 길항되지만 의미상으로는 겹쳐진다. 終詩의 산문으로 진술된 연에서 화자가 꿈꾸었던 세계가 묘사되고 있다. 그 세계의 삶은 자연적이고 원초적이다. 그 세계는 물처럼 흐르는 그저 있는 그대로의 세계다. 그 세계의 삶은 개체적 나의 개입도, 어떤 인위적 행위의 집착도 없는, 그저 자연 스스로의 삶이 전체의 보이지 않는 사랑으로 적용되는 삶이다. 그 세계는 위 시에서 아름답게 묘사되어 있지만, 그러나 그 세계는 앞서 살펴본 '견자'의 야생의 세계다. 화자의 "눈물 속"에서만 잠시잠깐 보였던 그 세계가 지금 화자의 내면에 문득 펼쳐지고 있다. 그러나 그 세계는 시간을 초월해 영원히 존재한다. "지금, 여기"의 현존과 "늘"의 현재성 부사어 및 "있었습니다"라는 과거 시제의 서술적 공존은 그 세계가 시간을 초월해 존재하고 있음을 실제적으로 증명한다. 그 세계는 화자가 개체성을 버릴 때 비로소 체험되는 세계여서

화자는 그 세계를 "내 안에 내가 없는 사랑"의 세계로 규정하고 있다. 이와 같은 인식의 전환 및 전개는 시집 서시에서 물이 칼을 거쳐 비로소 물이 되는 문맥 의미와 일치한다. 우연의 일치이겠지만, 시인의 의도적 시 배치에 따른 형식적 호응 관계를 차치한다면, 이러한 사실은 화자의 인식의 전환과 의식의 진전이 인류 전체의 의식 향상과 맥락을 같이 하고 있다는 의미로 이해되어야 마땅할 것이다. 그것이 우리가 시를 살고 삶을 쓰는 이유일 것이기 때문이다.

시집 전체 시를 의미상 한 작품으로 압축한다면 아래 시를 들 수 있을 것이다. 아래 시 또한 시간을 초월해 있다. 살펴보자. 1행의 "항체가 없"는 때와 2행의 "깊이깊이 상처받"는 때, 3행의 "상처가 나를 단련시"키는 때와 4~5행의 "상처가 나를, / 두려움의 길"을 "가게" 하는 때, 그리고 6행의 "나는 돌아오지 않"는 때의 시행이 각각 현재 시점으로, 단연으로 서술되고 있다. 이러한 시점의 고정과 단연 형식은 시간을 배제하려는 화자의 의도로 보인다. 화자의 서로 다른 상황과 사건들이 동일한 시간대에서 펼쳐지는 것은 시간이 지배하는 현상계에서는 있을 수 없는 일이다. 또 6행의 진술은 공간 개념이 어긋난다. 화자가 지금 여기에서 다른 공간으로 옮겨갔다면, 화자는 "나는 돌아오지 않"는다라고 말하는 대신 '나는 돌아가지 않는다'라고 말해야 한다.

다시 말해, 지금 여기의 공간에서 다른 공간의 화법으로 말하고 있는 것은 화자가 지금 공간이 없는 다른 세계를 경험하고 있음을 의미한다. 즉 아래 시에서 화자는 시공간이 없는 다른 차원의 세계를 경험하고 있는 것이다. 그 세계는 우리가 사는 이원적 세계가 아니다. 현상계에서 화자가 겪는 상황과 사건들은 순수 의식의 세계에서는 일어나지 않는다. 순수 의식의 세계는 현상이 없다. 그 세계는 무상과 무아일 뿐이다. 순수 의식은 의식을 의식하지 못한다. 순수 의식이 자신을 의식하는 순간은 상대적 세계로 형상화될 때의 개체 의식의 지각뿐이다. 화자는 지금 순수 의식이 형상으로 현현되는 자리, 형상이 순수 의식으로 환원되는 자리, 즉 탄생과 소멸이 공존하는 자리에 있다. 그 세계는 시공간이 없다. 그 세계의 안쪽은 순수 의식이 존재하고 바깥쪽은 의식이 형상을 받아 지각이 일어나는 현상계가 존재한다. 화자는 지금 두 세계를 이어 주는 다리와 같은 자리, 현존, 바로 그곳에 있다.

화자가 초월적 세계를 지향하는 것은 고통이 없는 세계를 꿈꾸기 때문이다. 그러나 고통이 없는 세계를 실현하는 유일한 방법은, 모든 '있음'을 받아들이고 지금 이대로의 세계를 있는 그대로 수용할 때 비로소 가능하다는 것을 깨달으며 시집 해설에 갈음한다.

나는 항체가 없습니다
나는 깊이깊이 상처받습니다
상처가 나를 단련시킵니다
상처가 나를,
두려움의 길 가게 합니다
나는 돌아오지 않습니다

—「不來」 전문

시인 김진환

계간『사람의 문학』신인상으로 문단에 나왔다. 시집『새벽의 내력』이 있으며 한국작가회의 회원으로 활동하고 있다. 현재 문경여자고등학교 교사로 재직 중이다.

dnd059@naver.com

김진환 시집

내가 없는 사랑의 노래

초판 1쇄 발행 2021년 5월 25일

지은이 김진환
펴낸이 이은재

펴낸곳 도서출판 그루
출판등록 1983. 3. 26(제1-61호)
주소 06121 서울특별시 강남구 봉은사로 129, 1210호
42452 대구광역시 남구 큰골 3길 30
전화 02-358-1161, 053-253-7872
팩스 053-257-7884
전자우편 guroo@guroo.co.kr

ISBN 978-89-8069-448-8